LOS TIBURONES

Melissa y Brandon Cole

THOMSON

GALE

San Diego • Detroit • New York • San Francisco • Cleveland • New Haven, Conn. • Waterville, Maine • London • Munich

THOMSON

GALE

For more information, contact
The Gale Group, Inc.
27500 Drake Rd.
Farmington Hills, MI 48331-3535
Or you can visit our Internet site at http://www.gale.com

Photo Credits: All images © Brandon D. Cole, except page 4 © Brad Wetherbee/GwenLowe/Innerspace Visions; page 7 © Stuart Westmoreland; page 12 © Takako Uno; page 16 (left) © Steve Drogin/Innerspace Visions; page 17 © Jeffrey C. Carrier/Innerspace Visions; page 19, 23 © Doug Perrine/Innerspace Visions

LIBRARY OF CONGRESS CATALOGING-IN-PUBLICATION DATA

Cole, Melissa S.
  [Sharks. Spanish]
  Los Tiburones / by Melissa y Brandon Cole.
    p. cm. — (Animales marinos salvajes!)
  Summary: Discusses the physical characteristics, feeding and mating behavior, interaction with humans, and habitat of sharks.
  Includes bibliographical references.
   ISBN 1-41030-008-0 (hardback : alk. paper)
   1. Sharks—Juvenile literature. [1. Sharks.] I. Cole, Brandon. II. Title. II. Series: Cole, Melissa S. Wild marine animals!

  QL638.9.C59418 2003
  597.3—dc21   2002015835

Printed in China
10 9 8 7 6 5 4 3 2 1

Contenido

Introducción

Mucha gente cree que los tiburones son feroces y malvados y por eso les tienen miedo. Tal vez porque muchos tienen el hocico puntiagudo, dientes afilados y ojos vidriosos. En realidad, la mayoría son tímidos y permanecen alejados del hombre. Sólo algunos pueden ser peligrosos para nosotros.

Hoy en día existen aproximadamente 375 especies de tiburones. Miden desde 8 pulgadas, como el tiburón pigmeo, hasta más de 40 pies (12 metros) de longitud, como el tiburón ballena, el pez más grande del mundo.

Los tiburones viven en casi todas las aguas saladas de la Tierra. En varias zonas costeras habitan en el fondo del mar. Los tiburones grandes viven tanto en las costas como en mar abierto. Algunos viven en mares tropicales más cálidos, otros en aguas árticas heladas.

El pigmeo mide sólo 8 pulgadas de longitud

Los tiburones viven en casi todas las aguas saladas. De 375 especies, sólo 7 son peligrosas para los humanos.

Miembros de la familia

Los tiburones han nadado en los mares por millones de años. En todo este tiempo, sus cuerpos se han adaptado para vivir en diferentes ambientes.

He aquí las descripciones de algunos tiburones de nuestra era.

El tiburón blanco se alimenta de focas y leones marinos. Este cazador toma su nombre de su vientre blanco.

Tiburón blanco

El tiburón blanco es la especie más conocida, famoso por las películas como *Jaws*. Se le halla por todo el mundo, en aguas templadas (tibias) o frías. El más grande jamás encontrado pesaba 7,300 libras (3,311 kilogramos) y medía 21 pies (6.4 metros) de longitud. Las hembras tienen entre cuatro y seis camadas en toda su vida. En cada una nacen como siete crías. Los pequeños se vuelven adultos entre los diez y doce años de edad.

Tiburón ballena

El tiburón ballena es el pez más grande del mundo. Su cuerpo gigantesco puede sobrepasar más de 46 pies (14 metros) de longitud. Su piel tiene bellos patrones de rayas blancas con manchas. Este tiburón no tiene dientes. Nada despacio, cerca de la superficie del mar, tragando masas de plancton y pequeños peces, como anchoas y sardinas. El tiburón ballena habita en las costas de todas las zonas tropicales y sub-tropicales.

El tiburón ballena es el pez más grande del mundo.

Tiburón plateado

El tiburón plateado tiene el "típico" cuerpo lustroso de un tiburón. Llega a medir entre 6 y 7 pies (1.8 m o 2.1 m) de longitud. Es gris, con marcas plateadas en el pecho, dorso y aletas de la cola. Habita en los arrecifes de coral de los océanos Índico y Pacífico. Se alimenta de los pequeños peces del arrecife.

Arriba: El tiburón plateado habita en los corales. **Abajo:** El tiburón de Epaulette "camina" con las aletas.

Tiburón de epaulette

El tiburón de Epaulette es pequeño e inofensivo, mide máximo 3.5 pies (1.1 metros) de longitud. Pertenece a una familia conocida como "tiburones de suelo", que habitan cerca del fondo del mar.

Usan las aletas pectorales para caminar en busca de alimentos, como lombrices, cangrejos, erizos y peces pequeños.

Rayas y quimeras

Una mantarraya grácil, con alas enormes y cuerpo plano, no se parece en nada a un tiburón del arrecife. Pero la raya y sus primos — el pez guitarra, el pez sierra y la quimera — pertenecen al mismo grupo animal de los tiburones: los elasmobranquios.

Casi todas las rayas viven en el fondo del mar y comen peces, caracoles de mar, cangrejos y lombrices. Algunas, como la mantarraya, se deslizan en la superficie para alimentarse de plancton. Todas tienen largas aletas pectorales en forma de alas y hendiduras branquiales laterales.

La quimera, o pez rata, es pariente lejano del tiburón. Tiene la cola larguísima, como de una rata y los dientes en forma de pico. Vive en el fondo del mar.

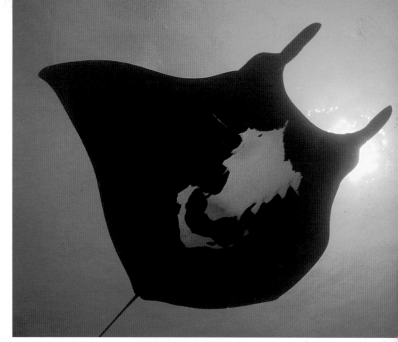

Arriba: La mantarraya gigante puede tener una anchura de 20 pies (6.1 metros). **Abajo:** Pez rata, pariente lejano del tiburón, tiene la cola delgada como una rata y dientes afilados.

9

El cuerpo del tiburón

Casi todos los tiburones tienen el cuerpo lustroso en forma de bala, como muchos animales marinos. Pero a diferencia de aquéllos, el esqueleto del tiburón no es de hueso sino de cartílago — como la punta de tu oreja o de tu nariz.

El tiburón respira, como otros peces, a través de hendiduras branquiales que absorben el oxígeno del agua. El agua de mar penetra por la boca y fluye por las hendiduras branquiales. Los peces de esqueleto óseo las tienen cubiertas. El tiburón tiene hendiduras abiertas, por donde brota el agua después de absorber el oxígeno.

Los peces de esqueleto óseo tienen una vejiga natatoria, o bolsita llena de gas, que los ayuda a flotar o a hundirse. En vez de vejiga natatoria, el tiburón tiene grandes hígados llenos de aceite que lo ayuda ayudan a flotar a flotar.

Otra diferencia es la piel. Los peces tienen escamas lisas y flexibles. La piel del tiburón está cubierta de dientecillos muy ásperos al tacto. Muchos peces tienen aletas delicadas que contienen huesos o espinas. El tiburón las tiene rígidas y gruesas para navegar y mantener el

Este tiburón de filón blanco apunta sus aletas hacia abajo, en señal de peligro.

Las aletas pectorales de un tiburón funcionan como las alas de un avión.

equilibrio mientras nada. El tiburón no usa sus aletas pectorales como remos, sino que cambia el ángulo de cada aleta para lascenderse, como las alas de un avión. Cuando las voltea, funcionan como un freno o como un timón. Las aletas superiores o dorsales ayudan a mantener el tiburón derecho sobre el agua.

Rasgos especiales

Los tiburones tienen los mismos cinco sentidos que el hombre. Pueden ver, oir, oler, saborear y tocar. Además tienen un sexto sentido que les permite detectar las señales eléctricas que emite una presa. Este sentido tal vez los ayuda a orientarse en el mar.

Los ojos del tiburón están en cada lado de la cabeza, por consiguiente tienen un campo visual extraordinario. Los tiburones no tienen párpados, sino una lente protectora que cubre cada ojo. Esta lente, o membrana, es la razón por la cual a menudo los ojos de los tiburones parecen nublados.

Los tiburones respiran por la boca y usan la nariz para oler. El agua fluye por la nariz y pasa por sacos nasales donde se detectan los olores. Un tiburón puede detectar olores minúsculos — ¡una gotita de aceite o de sangre en millones de galones de agua!

Los ojos del tiburón martillo se encuentran en cada extremo del "martillo".

Los tiburones no tienen orejas en la parte exterior del cuerpo, pero sí tienen oídos dentro de su cabeza, en cada lado del cerebro. Los receptores del oído interior detectan los sonidos a través del agua.

Los tiburones tienen un sentido del tacto asombroso. Tienen una característica especial llamada sistema de línea lateral, a lo largo del cuerpo y de la cabeza. Las líneas son canales pequeños formados de poros diminutos—huecos en la piel. Dentro de cada poro hay unos vellos que actúan como sensores para detectar los movimientos de una presa en el agua.

Las manchas oscuras en la nariz son poros sensoíales que se llaman ámpulas de Lorenzini. Estos poros profundos están llenos de una sustancia gelatinosa y se conectan a la base de los nervios. Detectan señales eléctricas débiles producidas por los músculos una presa.

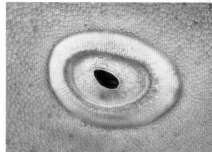

Arriba: Las manchas oscuras en el hocico de este tiburón blanco detectan señales eléctricas.

Izquierda: Como otros tiburones, este tiburón leopardo tiene un sentido agudo del olfato.

Derecha: El ojo de este tiburón nodriza está protegido por una lente transparente.

Vida social, cacería y alimentos

Los tiburones no viven en parejas o en familias, sino solos o en grupos. Las especies que habitan los arrecifes tropicales —como el tiburón plateado, el tiburón gris y el tiburón limón — a menudo nadan solos. Estas mismas especies, a veces se juntan en grupos pequeños para cazar o "socializar".

Un tiburón pierde sus dientes constantemente. Durante su vida gasta miles de dientes. A medida que va creciendo, reemplaza los viejos por otros nuevos y más grandes.

Algunos tiburones tienen dientes largos y curvos para atrapar peces resbalosos.

Cada especie de tiburón tiene un tipo particular de dientes, según el tipo de comida que ingiere. Los dientes en forma de clavos atrapan presas pequeñas. Los curvos, como los del tiburón tigre de arena o del tiburón de dientes ásperos, son ideales para atrapar peces resbalosos o calamares.

El tiburón blanco y el tiburón tigre tienen dientes de serrucho, como cuchillos de carne, que sirven para cortar. El mordisco de un tiburón blanco saca fácilmente un trozo de 25 libras (11 kilogramos), de una ballena o foca. El tiburón tigre come de todo, desde medusas hasta tortugas. ¡Y puede atrapar aves marinas de la superficie del mar!

Estos tiburones grandes, ¡pueden sacar sus mandíbulas fuera de la boca para morder mejor. Cuando se alimentan de presas grandes, agitan la cabeza de un lado al otro para arrancar pedazos de carne. Si los tiburones comen en grupos, el olor de la sangre o de peces muertos los excita. El frenesí de la comida los altera tanto que nadar contra otros tiburones, ¡atacándose unos a los otros o al coral!

Los tiburones del fondo del mar tienen hileras de dientes sin filo para aplastar conchas, peces con espinas o erizos. El tiburón nodriza tiene barbillones, pequeños tentáculos, en la punta del hocico. Los usa para localizar presas, como camarones, escondidas en la arena.

Un tiburón blanco puede sacar las mandíbulas fuera de la boca para morder mejor. **Inserto:** Los barbillones son tentáculos que sirven para hallar presas.

Algunas especies, como el tiburón peregrino y el tiburón ballena, no usan los dientes para comer. Nadan con la boca abierta y filtran los alimentos del agua.

Algunos peces aprovechan el apetito voraz de los tiburones. Los peces piloto los "acompañan" para alimentarse de los trozos que dejan los tiburones después de la comida. Los peces piloto tampoco hacen mucho esfuerzo al nadar porque usan la corriente creada por el movimiento de los tiburones cuando nadan. Otro pez que se aprovecha es la rémora. Este pez tiene succionadores en la cabeza para colgarse de un tiburón. Las rémoras se alimentan de parásitos pequeñitos, los copépodos, que cubren las aletas de un tiburón o tapan sus branquias.

Izquierda: Estos tiburones se vuelven locos durante la comida. **Arriba:** Los peces piloto viajan con los tiburones coralinos.

Apareamento

Un macho y una hembra se abrazan.

Distintas especies de tiburones se cruzan a diferentes edades. Algunas hembras no maduran sino hasta los 10 o 15 años de edad. Otras son adultas cuando su cuerpo alcanza cierto tamaño. Algunos tiburones tienen que nadar una gran distancia para encontrar una compañera porque las hembras y los machos viven en diferentes regiones del océano. Cuando se encuentran, el macho persigue a la hembra y le da de mordizcos para animarla a cruzarse. El macho penetra uno de sus ganchos — extensiones de la aleta pélvica — en el cuerpo de la hembra, para depositar el esperma. Luego se tuercen y giran juntos mientras se cruzan.

La crianza

Sólo algunos tiburones se reproducen poniendo huevos fertilizados en el suelo del mar. Los huevos están dentro de un cascarón similar al cuero. Allí el huevo fertilizado se vuelve un embrión unido a una bolsa grande con una yema. El tiburón tarda aproximadamente diez meses en salir del cascarón. Muerde la envoltura y se aleja nadando.

La mayoría de los tiburones dan a luz y no ponen huevos. En algunas especies, los embriones salen del huevo cuando todavía están dentro de la madre. "Nacen" cuando salen del cuerpo de la madre. Los primeros tiburones tigre de arena que nacen, ¡se comen cualquier huevo infértil — y hermanos menos desarrollados — antes de nacer!

En otras especies que nacen de la madre, las crías se desarrollan en un compartimiento especial. Algunas hembras están preñadas 9 meses, como los seres humanos. Las crías de la pintarroja tardan de 18 a 24 meses en desarrollarse dentro de la madre. Una cría que se desarrolla en la madre se alimenta de la placenta, como los mamíferos.

Este cascarón de tiburón fue puesto en un coral suave para su protección.

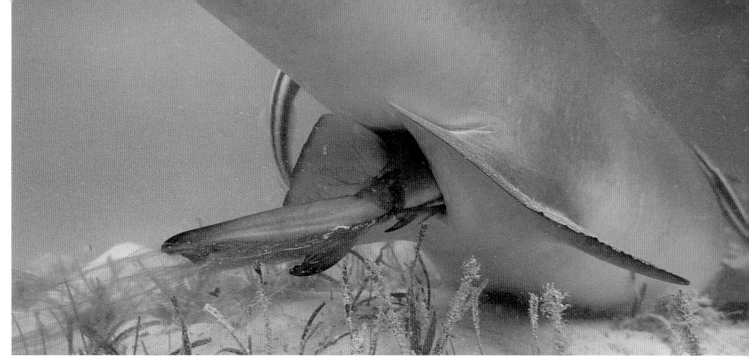

Unos tiburones, como el tiburón limón, dan a luz "cachorros".

Un cachorro suele nacer de cola, unido todavía a la madre con un cordón umbilical. El cachorro se queda con su madre un tiempo. Luego se irá nadando y así romperá el cordón umbilical. Según la especie, las hembras pueden tener desde 6 hasta 100 cachorros a la vez.

Todos los cachorros tienen que cuidarse por sí solos, las madres no se encargan de ellos. Estas crías pueden nadar y cazar desde el momento de nacer. Muchas veces nacen en arrecifes poco profundos, o en otras zonas de poca profundidad, para protegerse de otros depredadores, como tiburones más grandes o barracudas. Los cachorros permanecen por muchos años cerca de la zona donde nacieron.

El tiburón y el hombre

Cada año se reportan mundialmente entre 50 y 75 ataques de tiburón. Sólo entre 5 y 10 son mortales. La gente muere más por un rayo o la picadura de una abeja. Por lo general el ataque fue un error. En aguas turbias, el tiburón puede creer que alguien haciendo surfing en una tabla es una foca. La joya de un nadador puede parecerle el brillo de un pez. Con frecuencia el tiburón muerde, pero luego se da cuenta del error y sa aleja.

Un tiburón nodriza como éste es inofensivo para el hombre.

Un tiburón puede atacar si se siente amenazado. Muchas veces hace advertencias antes de atacar, argueando la espalda, levantando la cabeza y apuntando las aletas pectorales hacia abajo. Los humanos son mayores amenazas para los tiburones que ellos para nosotros. Los humanos matan dos millones de tiburones por cada persona atacada por un tiburón.

La gente caza tiburones para obtener carne, aletas, piel, aceite de hígado y por deporte. A veces les quitan las aletas y los echan al mar para que mueran. En algunos países la sopa de aleta de tiburón es un platillo exquisito. Miles de tiburones mueren anualmente en las redes de la pesca industrial y las redes protectoras que rodean las playas.

Pero los tiburones se reproducen muy poco. Les toma años madurar y tener crías. Si se matan demasiados tiburones de una especie, la especie no se podrá recuperar y se puede dañar el equilibrio del océano.

El hombre es el peor enemigo de los tiburones. Aquí, un barco lleno de aletas regresa al puerto.

Entre más aprendamos de los tiburones, mejor podremos ayudarlos a sobrevivir.

Un biólogo coloca un radio de rastro en un gran tiburón tigre.

Ahora hay medidas para proteger a los tiburones, crear reservas especiales e imponer restricciones sobre cuántos se pueden atrapar. Los científicos tratan de aprender más sobre ellos. Algunos biólogos colocan pequeños radios transistores de rastreo en las aletas, para ver adónde van, cómo es su hábitat y qué tipos de alimentos requieren para sobrevivir. Entre más sepamos de ellos, más oportunidades tendremos para preservar las zonas donde viven y protegerlos a ellos.

¡Los tiburones están entre los animales marinos más sensacionales!

GLOSARIO

arrecife En el fondo del mar, formación de rocas, arena o corales que llega hasta la superficie

branquia Organo en cada lado de un pez por donde respira oxígeno.

cartílago Tejido fuerte y elástico que conecta los huesos de los seres humanos y animales.

especies Grupo de animales similares

parásito Animal que se alimenta al vivir encima o adentro de otro ser vivo, planta o animal.

plancton Animales y plantas, generalmente pequeñísimos, que flotan en océanos y lagos.

presa Animal atrapado por otro animal y utilizado como alimento

templado Tibio o medianamente caliente

PARA MÁS INFORMACIÓN

Libros

Legg, Gerald. *Sharks* (Worldwise). Danbury, CT: Franklin Watts, Inc., 1998.

Pipe, Jim. *Giant Book of Sharks and Other Scary Predators*. Providence, RI: Copper Beech Press, 1999.

Taylor, L.R. *Sharks and Other Sea Creatures*. Pleasantville, NY: Readers Digest, 2000.

Westwood, Brett. *Great White Sharks: Habitats, Life Cycles, Food Chains, Threats* (Natural World). Chatham, NJ: Raintree/Steck Vaughn, 2000.

Página en la red

Tiburones y sus parientes

Aprende más sobre cómo viven los tiburones, qué comen y cómo interactúan
—http://*www.seaworld.org/askshamu/shark.html*

ÍNDICE